M. DUFAURE

ET

LA PRÉSIDENCE DU CONSEIL GÉNÉRAL

———

IIe LETTRE A MES COLLÈGUES

PAR

OMER CHARLET

Membre du Conseil général de la Charente-Inférieure

Fais ce que dois.

ROCHEFORT

IMPRIMERIE CH. THÈZE ET Cᵉ, PLACE COLBERT.

—

1872

M. DUFAURE

ET

LA PRÉSIDENCE DU CONSEIL GÉNÉRAL.

1er août 1872.

Mes chers collègues,

En nous invitant, le 23 octobre 1871, à porter M. Dufaure à la présidence, on nous disait :

C'est le représentant de la politique conciliatrice de M. Thiers ;

C'est le défenseur né de nos intérêts.

Le 19 août prochain, l'on nous demandera de confirmer le vote de 1871, et l'on montrera dans M. Dufaure :

Le porte-drapeau de la République au Conseil général ;

L'une des gloires du département.

Grande est mon aversion pour les personnalités , mais plus grand est mon dévouement aux intérêts du pays. Celui-ci me fait surmonter celle-là. Tout aux devoirs qu'il me dicte, j'ai regardé d'assez près ce drapeau, cette gloire, pour connaître et dire les fruits de leur union.

Si quelques habiles taxent d'inconvenance la franchise de mon langage, le pays, notre juge à tous, appréciera.

Je n'en demande pas davantage.

Nul n'admire plus que moi le talent de l'illustre garde des sceaux. Je l'entendis, en 1848, irrésistible dans ses arguments, pulvériser le prétendu droit au travail, revendiqué par les radicaux, et je compris alors ce que vaut le talent au service d'une bonne cause.

Malgré ce souvenir, M. Dufaure n'eut pas ma voix, en octobre, et voici pourquoi :

Le ministère, dont il est le membre influent, avait dénié, le 20 juillet, aux Conseils généraux, le droit de traiter la question économique, ce qui, si l'Assemblée nationale eût adhéré, nous condamnait à supporter, sans mot dire, toutes les atteintes au plus considérable de nos intérêts.

M. Dufaure pensait-il autrement que le ministère ? S'en était-il séparé sur cette question comme M. de Larcy ? J'admets volontiers que vous dûtes le croire.

Quelle apparence, en effet, qu'un enfant du pays, son élu, proclamé député dans plusieurs départements, partageât, après avoir opté pour le sien, une opinion grosse de menaces pour ses mandataires !

Je doutai néanmoins, et mes doutes, que la suite ne condamna pas, détournèrent ma voix.

Aujourd'hui, plus d'illusions possibles ! M. Dufaure, qui n'est pas de ceux qui restent dans un cabinet où l'on violente leurs convictions, est évidemment, et au su du petit et du grand propriétaire comme du vigneron, l'adversaire implacable des produits de nos vignes.

Le moment est bien choisi pour en faire le porte-drapeau de la République !

Vous qui l'offrez à nos acclamations, ne craignez-vous pas qu'imputés à la République les actes dont M. Dufaure est solidaire, ne ravivent dans les campagnes la comparaison entre la forme du gouvernement qui vous séduit et celle qu'elles regrettent? Ignorez-vous qu'en ce pays l'on ne juge de la politique que d'après son influence sur les intérêts ?

Laissez-moi vous démontrer qu'à ce point de vue essentiellement pratique, l'avantage est tout au passé.

Un simple récit y suffira.

Le traité de commerce ne date ici que du 27 août 1860, et du discours où M. le marquis de Chasseloup-Laubat, président du Conseil général, saluait « la grande réforme commerciale qui doit « profiter à tous, en rendant plus faciles les conditions « de la vie ; ce traité avec la Grande-Bretagne, qui « ouvre à notre agriculture, à notre industrie, à « notre commerce, de nouveaux débouchés et resserre « les liens de deux peuples, que trop d'intérêts « unissent pour que de mesquines passions ou des « jalousies d'un autre siècle viennent les diviser.

« Vous avez remarqué » — ajoutait le célèbre homme d'Etat — « ces nouveaux travaux de « chemins de fer, ces abaissements de tarifs sur les « voies navigables afin d'augmenter le bon marché « des transports, l'introduction sans droits ou à des « droits réduits des matières premières ou de grande « consommation, offrant à de meilleures conditions « les éléments du travail ou les objets de première « nécessité (1). »

L'enthousiasme qui accueillit ce discours au Conseil, son retentissement au dehors ne sauraient se décrire. Partout, on saluait avec transport les horizons ouverts à notre agriculture, trop longtemps écrasée sous les inégalités de l'ancien régime économique.

Douze années se sont écoulées depuis, un siècle ! et la joie des propriétaires de vignobles me semble un souvenir d'hier.

———————

(1) Avant de participer comme ministre au traité de commerce, M. de Chasseloup avait aidé de son influence l'établissement des grandes lignes de chemins de fer dans le département.

Depuis, ses rapports lus au Conseil général y sont le point de départ de lignes plus modestes, non moins utiles. Au moment où celles-ci vont se faire, c'est un devoir de le reconnaître, comme de ne pas l'oublier quand elles seront faites. C'est à lui qu'en octobre 1870, et à l'unanimité, le Conseil remettait l'honneur de faire à la patrie en danger, l'hommage de la Charente-Inférieure.

Plus tard, M. de Chasseloup se donnait à l'étude du problème d'un nouveau mode de recrutement, et c'est quand il élevait à la régénération de la France un monument impérissable, à la veille d'être salué grand citoyen par l'Assemblée nationale, que deux voix lui manquèrent à Marennes pour représenter son canton et servir avec nous les intérêts, objet du dévouement de toute sa vie.

La session finie, je rencontrai de ces propriétaires qui avaient autrefois arraché leurs vignes,
devenues une charge, et s'étaient mis depuis, sans
trop de confiance, à les replanter. Comme ils se
montraient heureux de l'avoir osé ! comme ils
saluaient la fortune, qu'une juste inspiration du
prince faisait apparaître au milieu de leurs ceps !.

Quelques-uns, dans un retour vers une époque
où le vin blanc se vendait six francs le tonneau,
racontaient qu'à ce prix le négociant ne faisait pas
une brillante affaire (1).

Tous s'applaudissaient que leurs enfants fus-
sent garantis contre les mauvais jours qu'ils avaient
connus. Ils comptaient sans les rancunes politiques.

Mais alors, d'un bout à l'autre de la Charente-
Inférieure, l'on faisait de beaux rêves, que dépassa
bientôt la réalité.

En 1859, avant le traité de commerce, le droit
d'entrée des vins français, en Angleterre, était de
1,400 fr. par tonneau, c'est à dire de 350 fr. par
barrique, et la consommation atteignait à peine au
chiffre de 3,479 tonneaux. Le traité réduit le droit
à 250 fr. par tonne ou à 27 fr. 50 par hectolitre,
et la consommation s'élève, en dix années, par une
progression constante et régulière, pleine de promesses,
à 25,000 tonnes.

Dans le même temps, l'exportation des eaux-
de-vie, moins favorisée par une réduction de droit,
s'élève de 60,000 à 151,000 hectolitres.

---

(1) Le négociant qui achetait à mon père le vin blanc à ce
prix, sous un régime protecteur, existe encore.

L'exportation des vins, qui s'était accrue dans la proportion de 1 à 8, nous avait rendus exigeants. Aussi, pouvions-nous dire, *hier encore,* de nos eaux-de-vie : l'exportation ne s'en est même pas accrue dans la proportion de 1 à 3 (1).

Sous l'influence des demandes de l'étranger et du revenu croissant de nos vignes, une partie notable de terres transformées en vignobles, moins faciles à exploiter que des champs, souffraient faute de chemins assez nombreux et bien entretenus. Le tableau des heureux effets du traité de commerce ne serait donc pas complet si l'on n'y rattachait la lettre où, du camp de Châlons, le 15 août 1867, l'Empereur prescrivait à ses ministres « un ensemble de mesures propres à terminer en dix ans le réseau des voies vicinales par le triple concours des communes, du département et de l'Etat. »

Tel est le passé dans le souvenir de nos populations.

J'avais le droit de l'exposer, car, sous l'Empire, je n'ai jamais fardé la vérité. Nul ne dira, s'il n'est aveuglé par la passion, que le traité de commerce, si heureusement approprié aux besoins de nos contrées, qui les a servis même au milieu d'affreux malheurs, ne fut un véritable bienfait.

Devant ces grandes choses, — la réforme commerciale, l'impulsion à la vicinalité, — résolues à l'avantage de nos contrées, et dont les présidents

---

(1) Ces chiffres, empruntés au remarquable discours prononcé le 31 janvier, à l'Assemblée nationale, par M. le baron Eschasseriaux, n'ont pas été contestés.

du Conseil général nommés par l'Empereur nous apportaient la bonne nouvelle, non satisfaits, nous réclamions le gouvernement du pays par le pays, et, comme l'une des conséquences, le droit d'élire nos présidents.

En ces temps, où la prospérité matérielle laissait libres nos aspirations libérales, il nous semblait qu'un président de notre choix résumerait mieux que tout autre l'esprit du Conseil général, qu'il en serait la vivante expression.

Ce président élu, nous l'avons enfin !

Le Gouvernement, dont il est le ministre, est-il non moins personnel que l'Empire autoritaire ?

Peu nous importe, à cette heure, si le président pris dans son sein est vraiment le défenseur né de nos intérêts. A ce titre, le moins qu'il fasse, c'est d'égaler en dévouement à nos prospérités ses prédécesseurs d'un autre régime.

L'occasion se présente d'en donner la preuve : comme il va la saisir !

. . . .

Le 5 février, M. Dufaure vote, avec nos adversaires les protectionnistes, la dénonciation du traité de commerce.

Etes-vous satisfaits, Messieurs les Conseillers généraux ?

On le dirait, à voir l'accueil que vous lui faites, lorsque, deux mois après son vote hostile, il vient, peut-être avec la mission de paralyser vos vœux, diriger vos discussions. De mémoire de Conseil général, jamais président n'eut un débotté plus courtisé. Tels se prosternent, tel complimente. Du

traité de commerce, dont la dénonciation dérange à notre préjudice l'équilibre établi par une juste et sage réforme, pas un mot ! Une proposition, dont le Conseil général d'un département voisin formulera la pensée dans les termes les plus énergiques, y fait-elle allusion ? Vous la renvoyez à la session d'août, aux ides, sinon aux calendes grecques (1).

Je n'ai pas salué, Dieu merci ! l'arrivée du ministre-président ; mais, pour le reste, vous me voyez prêt à faire avec vous, mes chers collègues, un *meâ culpâ* bien senti.

Son Excellence, enchantée d'un accueil inespéré, de ce renvoi qui lui sauve quelque confusion, saura dire, en haut lieu, notre soumission et son prestige. Au témoignage qu'il en rendra, nous devrons le projet de loi qui blesse dans leur honneur et dans leur fortune les bouilleurs de cru.

Doutez-vous de cet effet de notre soumission ? Regardez en Provence où, pour sauver leurs pressoirs des impôts et de l'exercice qui menacent nos chaudières, les fabricants d'huile n'ont qu'à montrer les dents. Les Charentes donnent leur sang pendant la guerre, le Midi s'en dispense. Le Midi s'agite, elles s'inclinent. Les eaux-de-vie paieront, l'huile ne paiera pas. O justice distributive !...

---

(1) Voici quelle était la proposition de M. Bossay :

« Les membres du Conseil général de la Charente-Inférieure « expriment leurs regrets les plus vifs de la dénonciation du « traité de commerce avec l'Angleterre. »

Nos électeurs, cependant, sont inquiets : on le serait à moins. Ils le seront un peu plus en apprenant qu'à l'Assemblée nationale les républicains renient leur opinion libre-échangiste. Bientôt, il leur faudra bannir cette dernière espérance d'une *simple révision de tarifs, consentie,* disait-on, *par les puissances étrangères* et dont nos produits devaient à peine souffrir, espérance que nous partagions, malgré l'attitude des Anglais et des Belges. Le vote de l'impôt sur les matières premières livre aux représailles nos vins et nos eaux-de-vie.

Bons électeurs, vos Conseillers généraux, restés muets en avril, quand il était temps encore de faire entendre vos protestations, se tairont en août parce qu'il sera trop tard pour parler. Mais attendez ! Tout ce qui vous frappe ou vous menace émane du ministère dont fait partie M. Dufaure, votre député, le président du Conseil général, le défenseur né de vos intérêts.

Vos mandataires rééliront M. Dufaure.

Oseraient-ils s'y refuser ? Le préfet le veut ! Les républicains déserteurs de la liberté commerciale lui en intiment l'ordre !

Ce serait, pour le coup, mes chers collègues, qu'aux yeux et dans la pensée du producteur de vin et d'eau-de-vie, rien dans le présent ne balancerait les avantages du passé.

Tout à l'heure, je montrais les campagnes unissant dans leur reconnaissance le traité de com-

merce et l'impulsion donnée aux chemins vicinaux,
battant des mains quand un ministre de l'Empereur
nous annonçait un bienfait nouveau. Je pouvais
ajouter que le Conseil général avait sa bonne part
dans leurs applaudissements.

Qu'elles apprennent la réélection de M.
Dufaure, salué comme le porte-drapeau de la République, et vite apparaîtront, en traits ineffaçables, sur
ce drapeau, ces dates et ces actes :

20 juillet 1871, tentative de soustraire aux
Conseils généraux les questions économiques ;

3 février 1872, dénonciation du traité de
commerce ;

24 juin 1872, projet de loi sur les bouilleurs
de cru ; 21 juillet 1872, vote de l'impôt sur les
matières premières.

Et c'est la République, cette fois, qu'elles
associeront au Conseil général, non plus dans leurs
applaudissements, non plus dans leurs espérances,
mais dans leur réprobation.

On le voit, la République n'a point intérêt
à se présenter au département comme un symbole de
ruine ; le Conseil général a mieux à faire que de
s'associer par son vote à ce qui ruine ses commettants.

Donc plus de porte-drapeau !

Reste la gloire ! la gloire dépourvue, hélas !
de l'attrait d'un mandat bien rempli !

Le député, le ministre, l'avocat au bar-
reau de Paris, l'académicien dut sa renommée, ses
succès, sa fortune, ses palmes académiques, à son
mérite exceptionnel ; mais c'est chez nous, dans ce

pays que vont ruiner les mesures auxquelles il s'associe, qu'il a trouvé ce premier échelon si difficile à gravir.

S'il paraît l'avoir oublié, nous nous en souvenons.

Quoi qu'il fasse donc au préjudice des contrées qui l'ont vu naître, qui l'ont fait arriver à la vie politique, nous rendrons toujours hommage à son talent, à sa grande situation parmi ses contemporains, à ses anciens services aux vrais principes sociaux.

Aller au-delà serait folie !

L'un de nos éminents collègues, le sagace et prudent conseiller de Jonzac, l'avait bien compris, lorsque, le 23 octobre, il faisait la proposition, — un trait de génie ! — que je regrette de ne pas retrouver au procès-verbal, — de nommer M. Dufaure président honoraire. Si la proposition de M. Coindreau eut été acceptée, le Conseil général montrait, par ce titre d'un caractère exceptionnel, en quelle estime il tenait le mérite d'un compatriote illustre, mais ne faisait pas de M. Dufaure, comme le veut imprudemment un parti, l'arbitre de nos destinées.

M. Dufaure pouvait alors, son portefeuille de ministre sous le bras, assister à tout ce qui se trame à Versailles contre son département, sans qu'il y fut dit qu'à ces mesures funestes, il apportait l'adhésion du Conseil général.

Le réglement n'autorise pas cette présidence honoraire dont nos commettants ne se seraient pas offusqués. Je le déplore, mais je n'y vois pas une raison pour donner à M. Dufaure, soit une preuve de reconnaissance à laquelle il a pris soin d'échapper, soit un témoignage de confiance qu'il s'est efforcé d'éloigner de lui.

Si vous m'en croyez, mes chers collègues, dans l'élection de notre président, vous chasserez de vos préoccupations la politique, interdite même à nos vœux ; vous repousserez un nom glorieux, mais décevant, et, tout à votre mandat, vous n'obéirez qu'à cette pensée : l'intérêt du département.

Pour moi, fermement décidé à répudier toute responsabilité dans les désastres dont le présent menace l'avenir, je voterai, le 19 août 1872, comme j'ai voté le 24 octobre 1871, contre M. Dufaure, ami de la République, peut-être, mais ennemi déclaré de tout ce qui vit du produit de la vigne dans la Charente-Inférieure.

Recevez l'expression des sentiments distingués de votre humble collègue.

OMER CHARLET,

Membre du Conseil général de la Charente-Inférieure

P. S. — *Soyez juste*, m'écrit-on : *au scrutin sur les matières premières, M. Dufaure s'est abstenu.*

M. Dufaure s'est abstenu ! Soit !

Est-ce la preuve qu'il condamne l'impôt ?

S'il le condamnait, lui, ministre, que ne rejetait-il son portefeuille pour ressaisir l'indépendance du député ?

S'il le condamnait, lui, l'orateur à l'éloquence irrésistible ; lui, le député de la Charente-Inférieure, écouté comme un oracle à l'Assemblée nationale, c'était le moment ou jamais de se souvenir de son mandat. Il n'avait qu'à parler, et la minorité, déjà si considérable, devenait majorité. D'inévitables représailles ne menaçaient plus autant nos vins et nos eaux-de-vie.

Il se tut et s'abstint.

C'est-à-dire qu'après avoir laissé croire, par sa présence dans un cabinet hostile, qu'il en approuve les actes ; lorsque la majorité, qui le croit avec elle, s'élance au scrutin, il s'efface et laisse passer.

M. Thiers peut être satisfait, mais le pays augurait mieux du caractère de son représentant.

Cette abstention, que ses partisans feront valoir comme un titre à la présidence du Conseil général, ne modifie point mon sentiment.

Après, comme avant, ceux qui voteront pour M. Dufaure approuveront :

L'essai d'étouffer les vœux des Conseils généraux ;

La dénonciation des traités de commerce ;

Le projet de loi contre les bouilleurs de cru ;

L'impôt sur les matières premières.

Quoi qu'ils fassent, quoi qu'ils disent, ils en seront responsables devant le pays.

Quant à moi, en votant contre M. Dufaure, je puis être battu, je ne serai pas dupe.